Lewis, Clark y el Cuerpo de Descubrimiento

por Cindy Swan

Scott Foresman
is an imprint of

Glenview, Illinois • Boston, Massachusetts • Chandler, Arizona
Upper Saddle River, New Jersey

El capitán Meriwether Lewis y el teniente
William Clark eran exploradores. Fueron elegidos
por el presidente Thomas Jefferson para explorar
el Oeste viajando a lo largo del río Missouri. Lewis
y Clark lideraron un grupo llamado el Cuerpo de
Descubrimiento. Partieron del campo Dubois, cerca
de San Luis en mayo de 1804. Su expedición duró
más de dos años.

Meriwether Lewis

Los Estados Unidos le había comprado tierras a Francia en un acuerdo conocido como la Compra de Luisiana. Esto hizo que el territorio al oeste del río Mississippi hasta las montañas Rocosas pasara a ser parte de los Estados Unidos. Pero esa tierra no estaba vacía. Lewis y Clark encontraron al menos cincuenta naciones indígenas norteamericanas en su viaje al Pacífico. Tenían la esperanza de que los indígenas norteamericanos pudieran comerciar con los Estados Unidos.

¿Qué usaron como "carretera" Lewis y Clark durante la mayor parte de su recorrido? Usa este libro para encontrar la respuesta. Aprenderás sobre algunas de las culturas y costumbres de los distintos pueblos que Lewis y Clark conocieron.

Al dejar los **muelles** cerca de San Luis en la primavera de 1804, el Cuerpo de Descubrimiento comenzaba un viaje de ocho mil millas por la espesura. El mapa de abajo te muestra la distancia que recorrió el grupo. Por varios meses el Cuerpo no encontró indígenas norteamericanos.

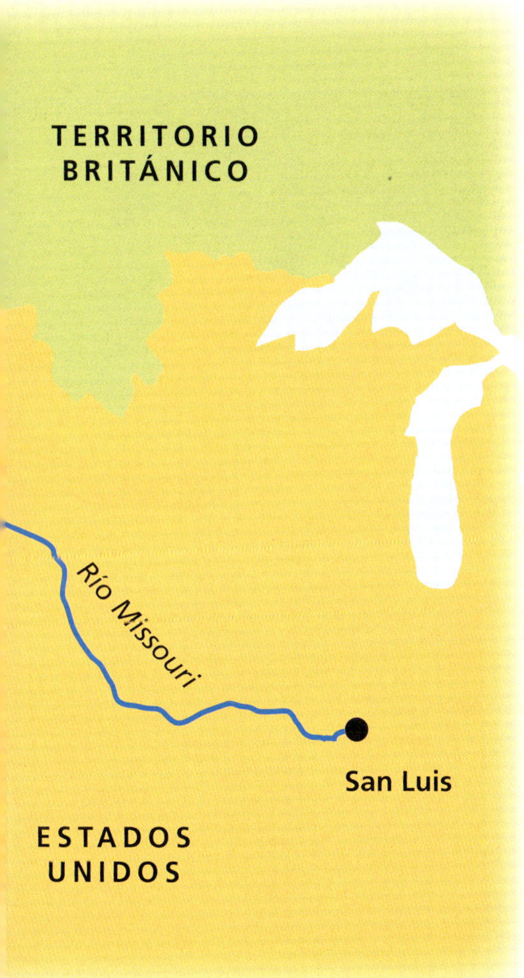

El Oeste de los Estados Unidos en los tiempos de la expedición del Cuerpo de Descubrimiento.

Los missouri y los oto

En agosto, el Cuerpo se encontró con los pueblos Missouri y Oto. Estos indígenas norteamericanos eran agricultores y cazadores. Vivían en casas de adobe, con forma de horno. El encuentro entre Lewis y Clark y los jefes missouri y oto estableció el patrón que iban a seguir durante el resto de sus encuentros con otros pueblos indígenas norteamericanos. Los hombres uniformados del Cuerpo hicieron una demostración militar y dispararon a la orden. El dibujo de abajo muestra cómo podría haber sido esta reunión.

Lewis les dio un discurso a los indígenas
norteamericanos acerca de hacer la paz con sus
vecinos. También les prometió oportunidades futuras
de comercio. Los indígenas norteamericanos iban a
poder cambiar sus pieles por otros bienes. El Cuerpo
les dio a los jefes medallas de paz y otros regalos.

Los indígenas norteamericanos escucharon mientras
les traducían el discurso. Nadie sabía si la traducción
era precisa o si los jefes aceptaban las palabras de
Lewis. Los jefes dejaron en claro, sin embargo, que no
estaban satisfechos con los regalos que habían recibido.
Querían rifles y pólvora, no juguetes.

Lewis y Clark se
encuentran con indígenas
norteamericanos.

Los sioux

Un par de semanas después de conocer a los missouri y a los oto, el Cuerpo encontró gente del pueblo Yankton Sioux. Los yankton sioux ya conocían a comerciantes franceses y británicos. Querían negociar con los Estados Unidos. El Cuerpo los invitó a una celebración. Los yankton cantaron y danzaron al ritmo de sus cascabeles de pezuñas de ciervo y de sus tambores.

Cuando el Cuerpo conoció a los teton sioux, presenció otra celebración. Los teton tocaban panderetas, cascabeles de pezuña de ciervo y de cabra.

Las casas de los yankton eran tiendas de piel de búfalo pintada. Las casas impresionaron a los miembros del Cuerpo.

Los guerreros se adornaban con plumas y púas de puercoespín. Usaban túnicas de búfalo de diferentes colores, pantalones amplios y mocasines. Las mujeres usaban túnicas de búfalo blancas.

Los teton controlaban un segmento del río Missouri. No les gustaba el Cuerpo porque lo veían como competidor. Para colmo, nadie en el grupo hablaba el lenguaje sioux. Los dos grupos se malinterpretaban constantemente.

A los teton no les interesaba la paz con sus vecinos. Tenían una buena relación con uno de sus vecinos, los arikaras, sólo porque era mejor para ambos. Los teton comerciaban con ropa, armas, y otros bienes con los arikaras a cambio de caballos y maíz. A diferencia de los teton, los arikaras eran amigables con el Cuerpo.

Túnica de búfalo pintada, de alrededor de 1800.

Los mandan y los hidatsas

Las aves estaban **migrando** al sur cuando el Cuerpo llegó a las aldeas de los mandan. Los mandan cultivaban maíz, frijoles, zapallos y tabaco. Sus aliados, o socios, los hidatsas también cultivaban lo mismo. Intercambiaban estos productos por cualquier mercancía que necesitaran.

Casa cubierta de césped en el parque estatal de fuerte Abraham Lincoln en Mandan, Dakota del Norte.

Sus aldeas estaban compuestas de chozas de adobe en forma de cúpulas agrupadas alrededor de una plaza. Cada una albergaba cerca de diez personas. Cuanto más importante y poderosa era una familia, más cerca se encontraba su choza de la plaza.

Los hidatsas no confiaban en el Cuerpo, pero los mandan sí. El Cuerpo pasó el invierno de 1804–1805 en el Fuerte Mandan, que construyeron directamente al otro lado del río de una aldea mandan.

Los mandan usaban caballos para cazar búfalos. Pero no cabalgaban hasta las montañas Rocosas. Sólo recorrían esa distancia para realizar incursiones en aldeas de otros pueblos. En una de estas incursiones los hidatsas habían capturado a una joven shoshone llamada Sacagawea.

Lewis y Clark querían comunicarse con el pueblo Shoshone río arriba. Los conocimientos de lenguajes de Sacagawea les resultaban muy útiles. Ella también los ayudó a encontrar plantas comestibles. En varios lugares conocía el territorio bastante bien y hasta pudo guiar a la expedición. Más todavía, la presencia de una mujer y su pequeño niño era vista como una suerte de "símbolo de paz", como lo describió Clark. Ver a Sacagawea y su hijo ayudaba a convencer a los indígenas norteamericanos con los que se encontraban de que el Cuerpo no era una expedición de guerra.

Búfalo

Con el **aroma** de la primavera en el aire, el Cuerpo dejó a los mandan. Se dirigieron río arriba, siguiendo el Missouri hasta su origen en las montañas Rocosas. Entre el otoño y el verano de 1804 conocieron muchos indígenas norteamericanos. Pero les costó encontrar a los shoshone. Querían comprarles caballos para trasladar su equipo en las montañas.

Los shoshone habían sido desplazados hacia las montañas por sus rivales. Lewis pensó que le darían la bienvenida al Cuerpo. Los shoshone necesitarían armas para defenderse de sus enemigos. El Cuerpo no iba a entregarles armas de inmediato, pero prometería hacerlo si los shoshone cooperaban.

Imagen de Sacagawea en una moneda de un dólar.

Los shoshone y los nez percé

El Cuerpo finalmente encontró a los shoshone en agosto de 1805. El jefe era el hermano de Sacagawea. ¡Cuánto anhelaba ver a su familia de nuevo! ¡Cuán feliz debe haber estado de verse reunida con su hermano! Los hombres del Cuerpo fueron recibidos como invitados. Les compraron caballos a los shoshone y a sus aliados los salish.

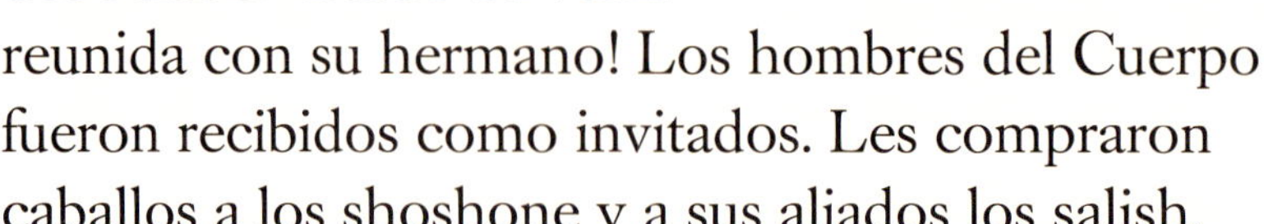

Un anciano shoshone los guió por las montañas hasta las aldeas del pueblo Nez Percé. Los nez percé eran excelentes jinetes y tenían la tropilla de caballos más grande del continente. Los nez percé pescaban salmón y recolectaban las raíces de muchas plantas para comer. Cada año los nez percé cruzaban las montañas para cazar búfalos.

Canoa wishram en el río Columbia al noroeste de la costa del Pacífico (1910).

Como los shoshone, los nez percé tampoco tenían armas de fuego y le dieron la bienvenida al Cuerpo. Las relaciones fueron tan amistosas que un jefe y su hijo les ayudaron a buscar buena madera para sus canoas.

La expedición siguió río abajo, siempre presta a **examinar** el horizonte en busca del Pacífico. Conocieron indígenas norteamericanos a lo largo de todo el río. Entre estos pueblos estaban los wanapams, los yakimas, los walla wallas, los wishram, los wascos. Estos pueblos viajaban en canoas elegantes, como la que se ve abajo, y pescaban salmón para comer.

"1805: Sacagawea traduce las intenciones de Lewis y Clark a los indios chinook." Por Charles Russel

Los chinooks y los clatsops

A lo largo de la costa noroeste el Cuerpo se encontró con los chinooks. Hablaban un idioma y tenían una cultura diferente a la de los indígenas norteamericanos de río arriba. Eran constructores de canoas, excelentes navegadores y pescadores. Vivían en casas grandes hechas con tablones decorados con tallas y dormían en esteras de juncos.

El Cuerpo pasó el invierno de 1805–1806 cerca de los clatsops, un pueblo pacífico en la orilla sur del estuario de Columbia (un estuario es una sección ancha y poco profunda de un río donde la marea provoca que el agua dulce y el agua salada se mezclen). Clark aseguró que los clatsops eran "los mejores navegadores de canoas" que él hubiera visto. Eran capaces de lanzar sus canoas, cruzar el estuario y volver al puerto en condiciones en las que el Cuerpo no podía ni empezar a navegar. Lo hacían sin la ayuda de un **embarcadero** o una plataforma para descargar barcos.

La única batalla que enfrentó a la expedición con
indígenas norteamericanos fue en el viaje de vuelta.
Lewis y una parte pequeña del Cuerpo encontraron un
grupo de guerreros *blackfoot* (pies negros) en julio de
1806. Lewis dio su discurso sobre los Estados Unidos
y sus intenciones de lograr la paz y el comercio entre
todos los pueblos del Oeste. Agregó que los shoshone
y los nez percé se habían sumado a este acuerdo de paz
y que recibirían rifles e insumos a través del comercio.
Los guerreros se enojaron porque el Cuerpo estaba
armando a sus rivales. Se inició una batalla en la
que murieron dos guerreros *blackfoot*.

Durante el viaje de dos años y medio, Lewis, Clark y el Cuerpo de Descubrimiento conocieron diferentes pueblos indígenas norteamericanos. Aprendieron sobre sus diferentes culturas. Creían que la paz podía extenderse por el continente. La medalla reproducida en esta página era un símbolo que los exploradores llevaban para entregar a los indígenas norteamericanos. Lewis y Clark creían que, con la paz, un nuevo imperio del comercio americano era posible.

Medalla de la paz que Lewis y Clark le dieron a los nez percé en 1805.

Glosario

anhelaba *v.* tenía un ansia o deseo vehemente.

aroma *s.* olor.

embarcadero *s.* plataforma construida en la costa o desde la costa, desde la cual se puede cargar y descargar barcos.

examinar *v.* inquirir, investigar, escudriñar algo con diligencia y cuidado.

migrando *v.* yendo de una región a otra con el cambio de estaciones.

muelles *s.* plataformas construidas en la costa o desde ella, embarcadero.